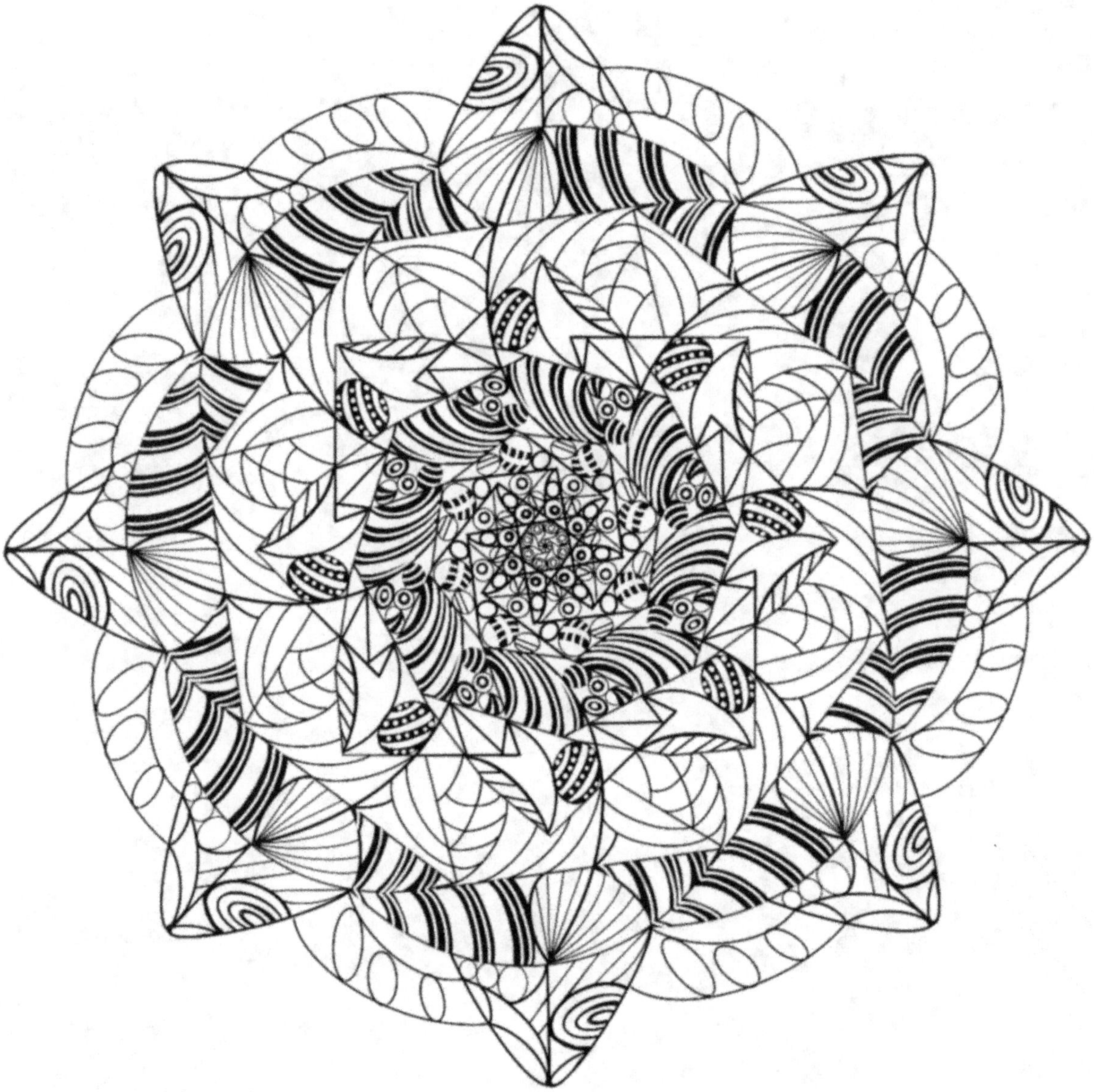

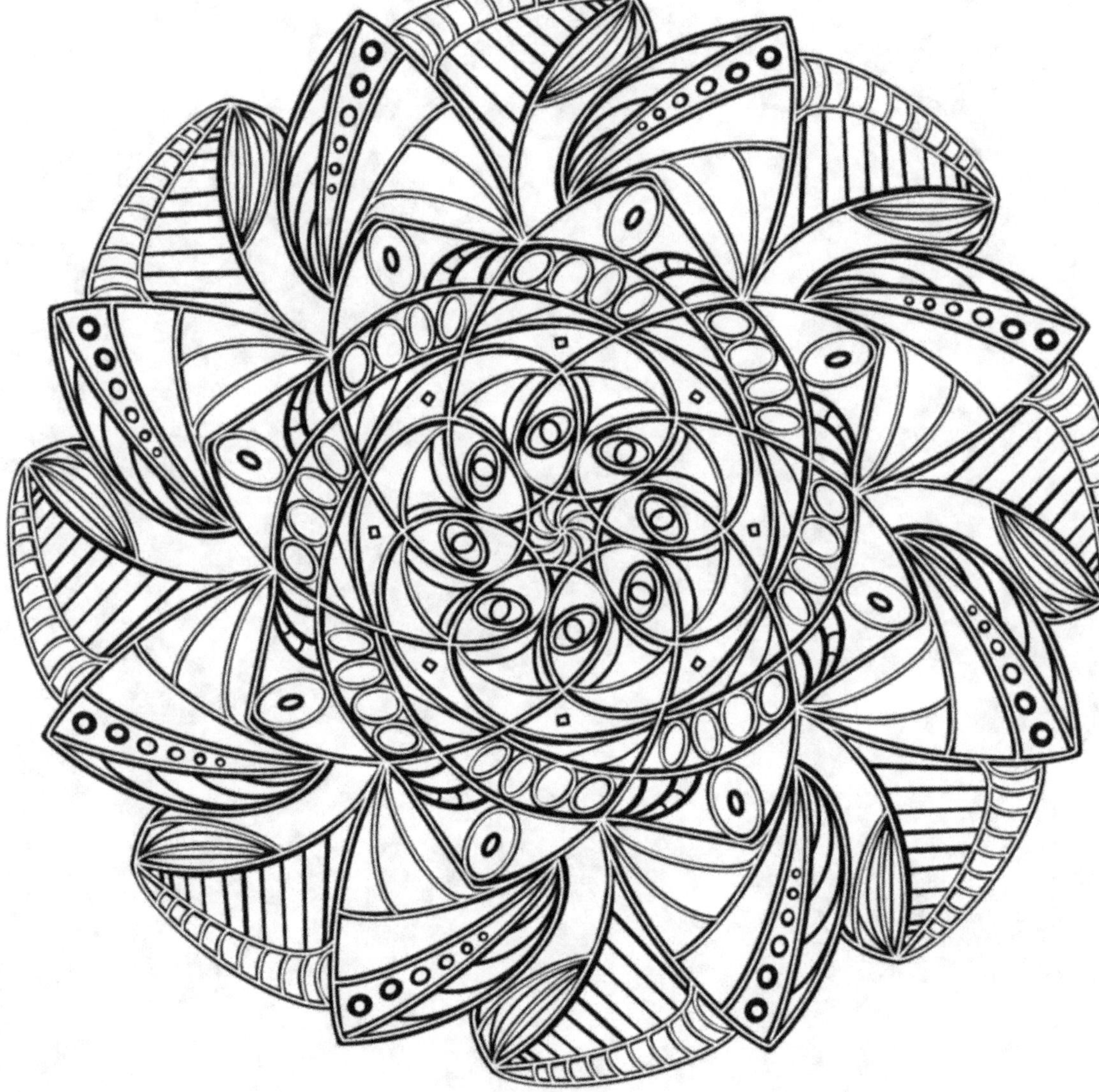

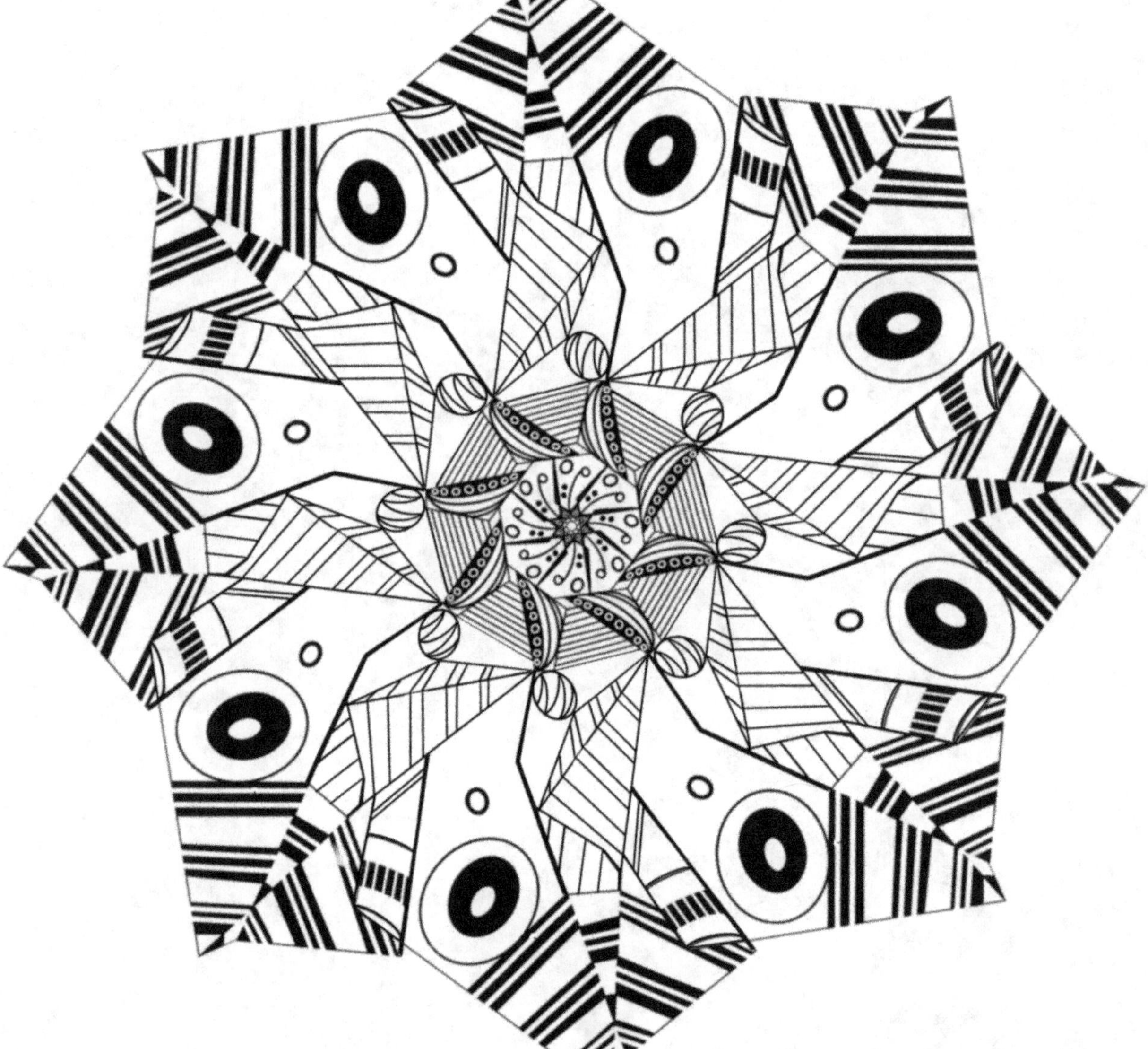

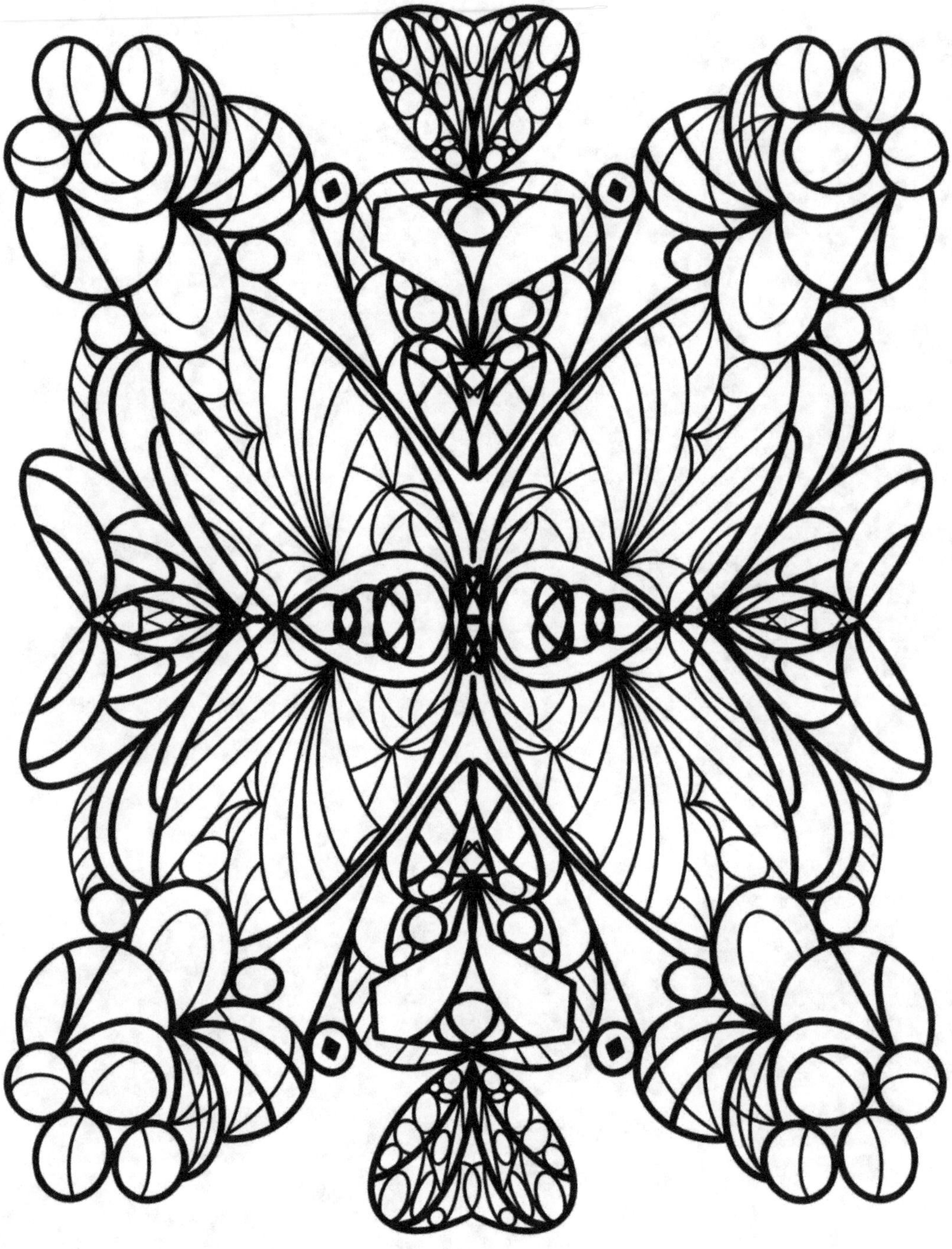

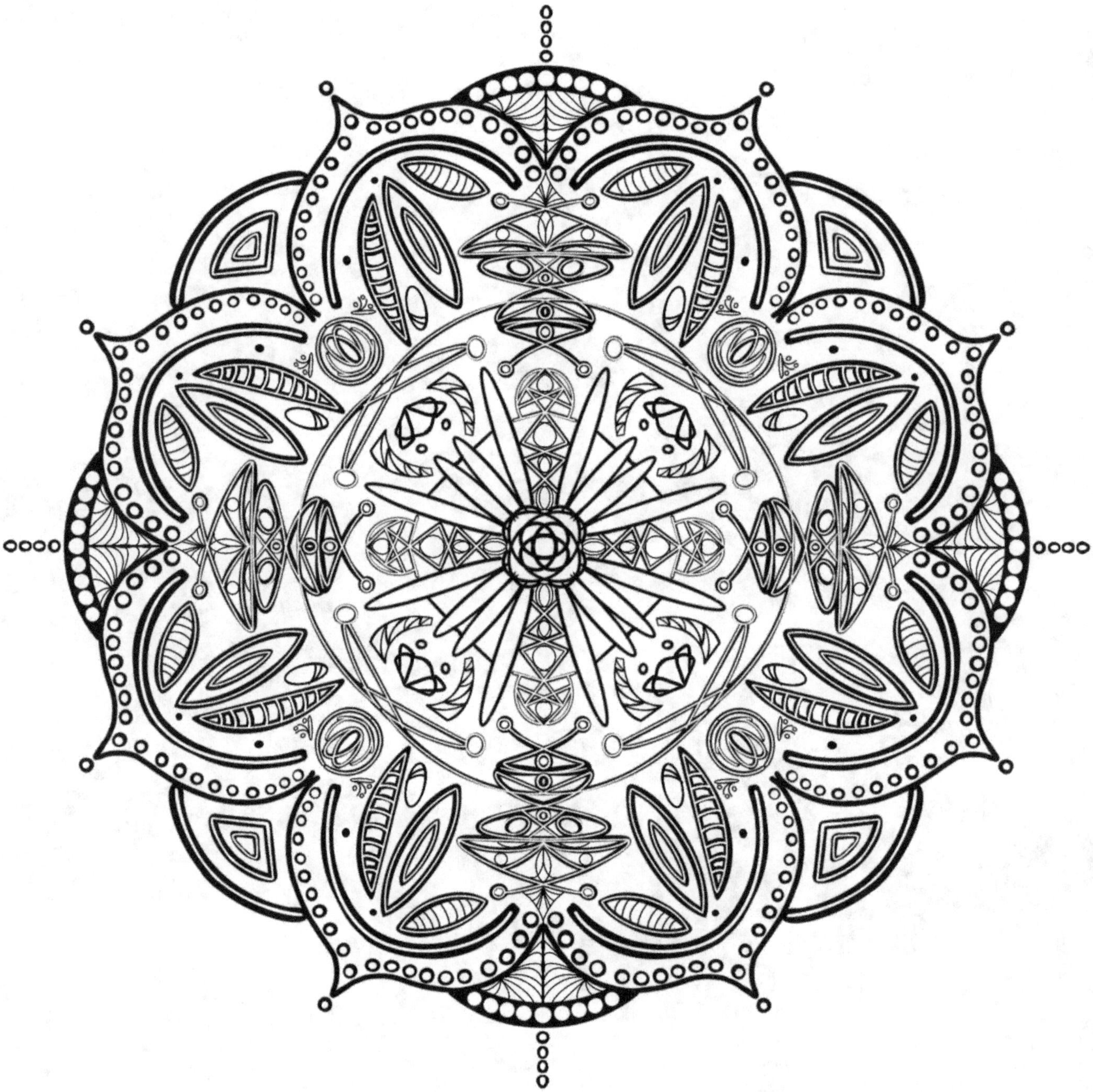

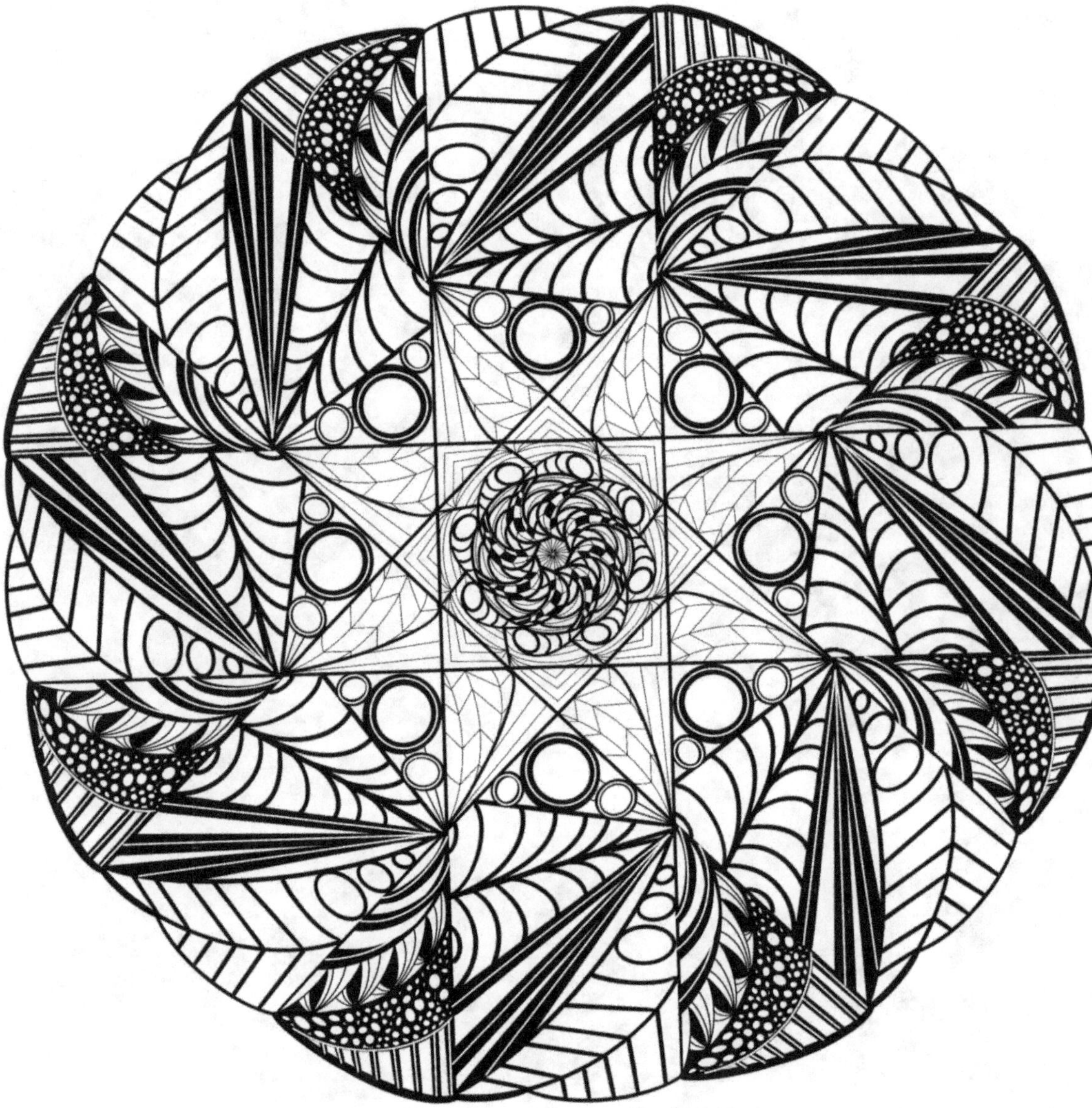

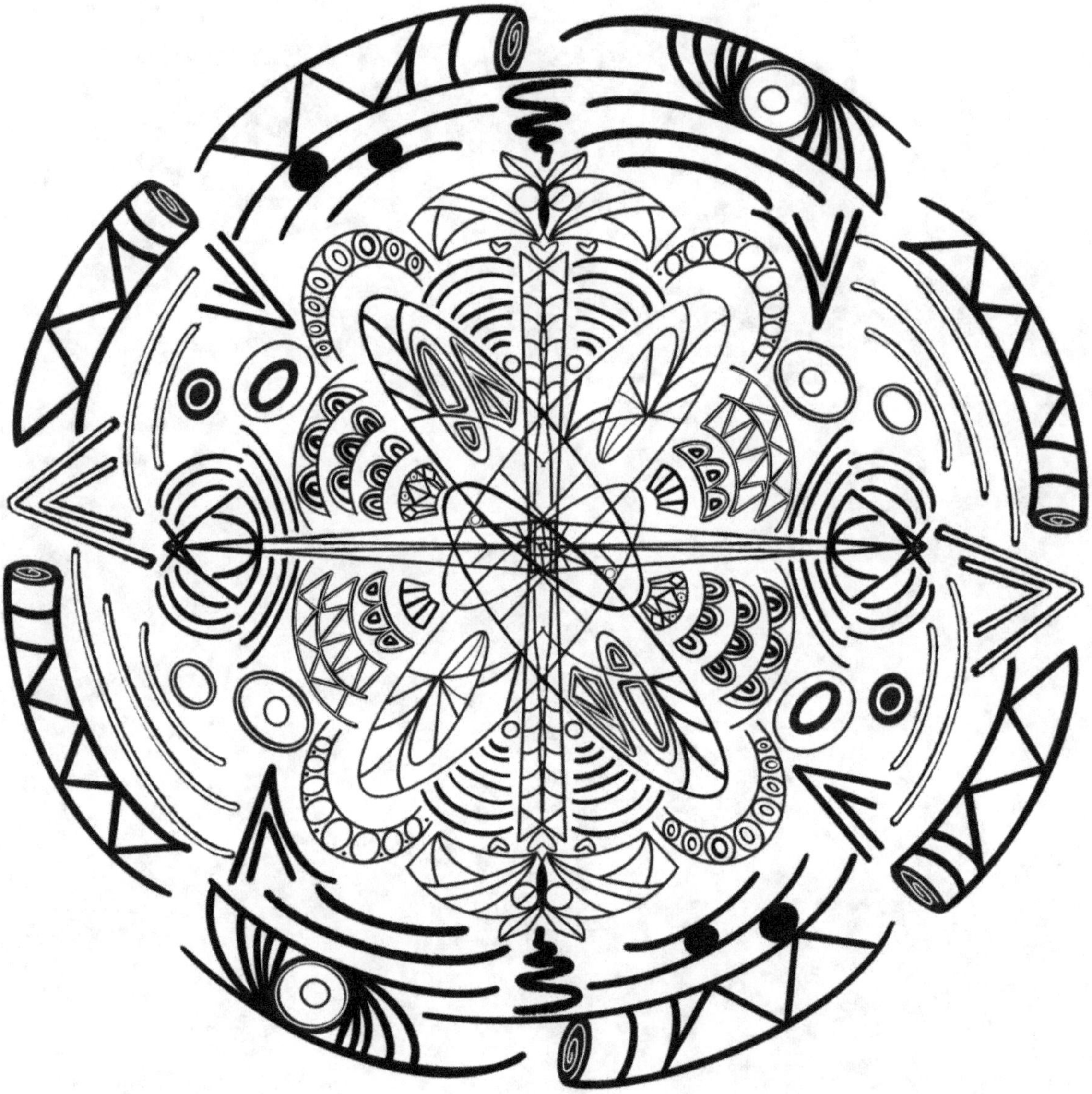

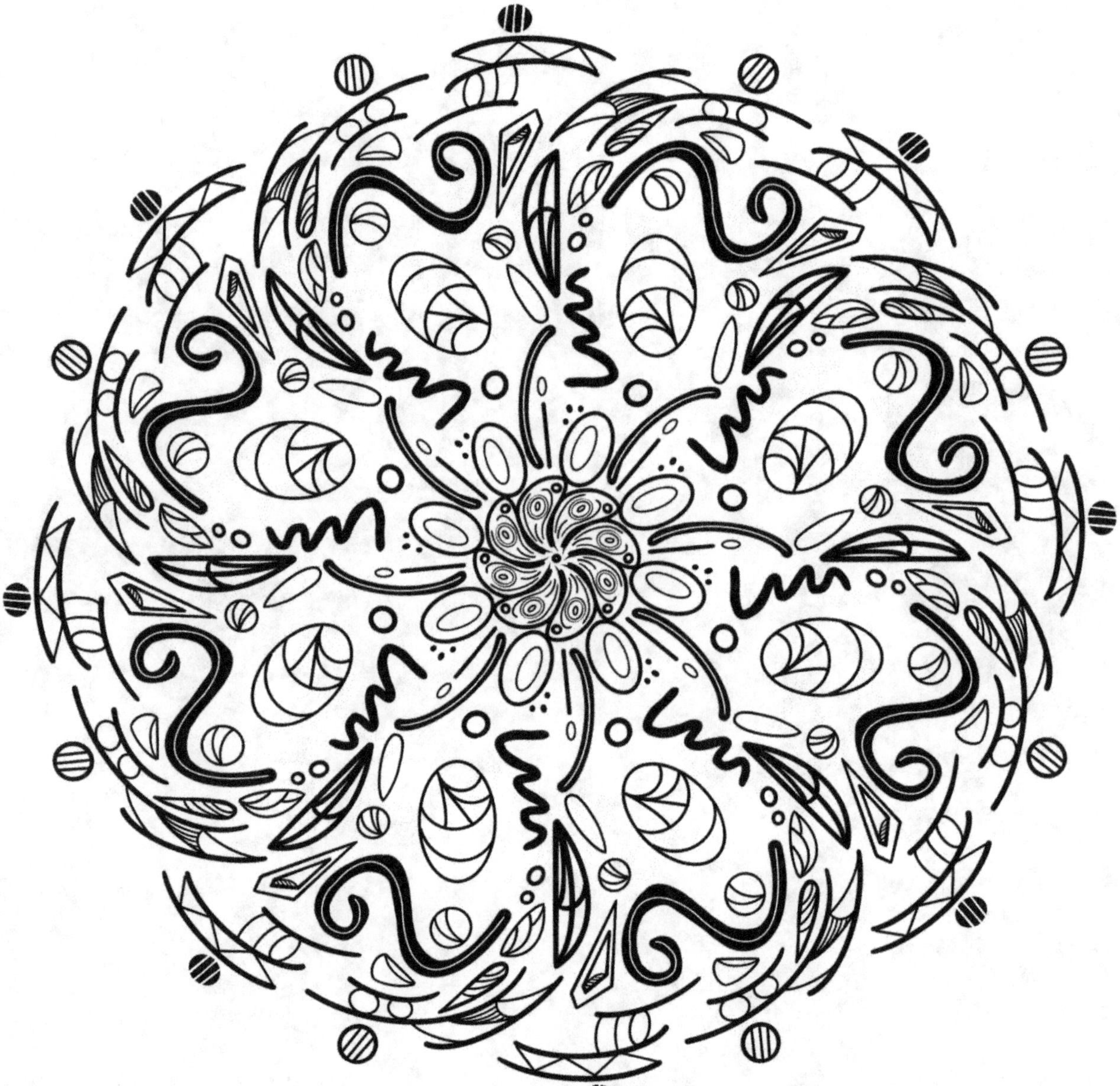

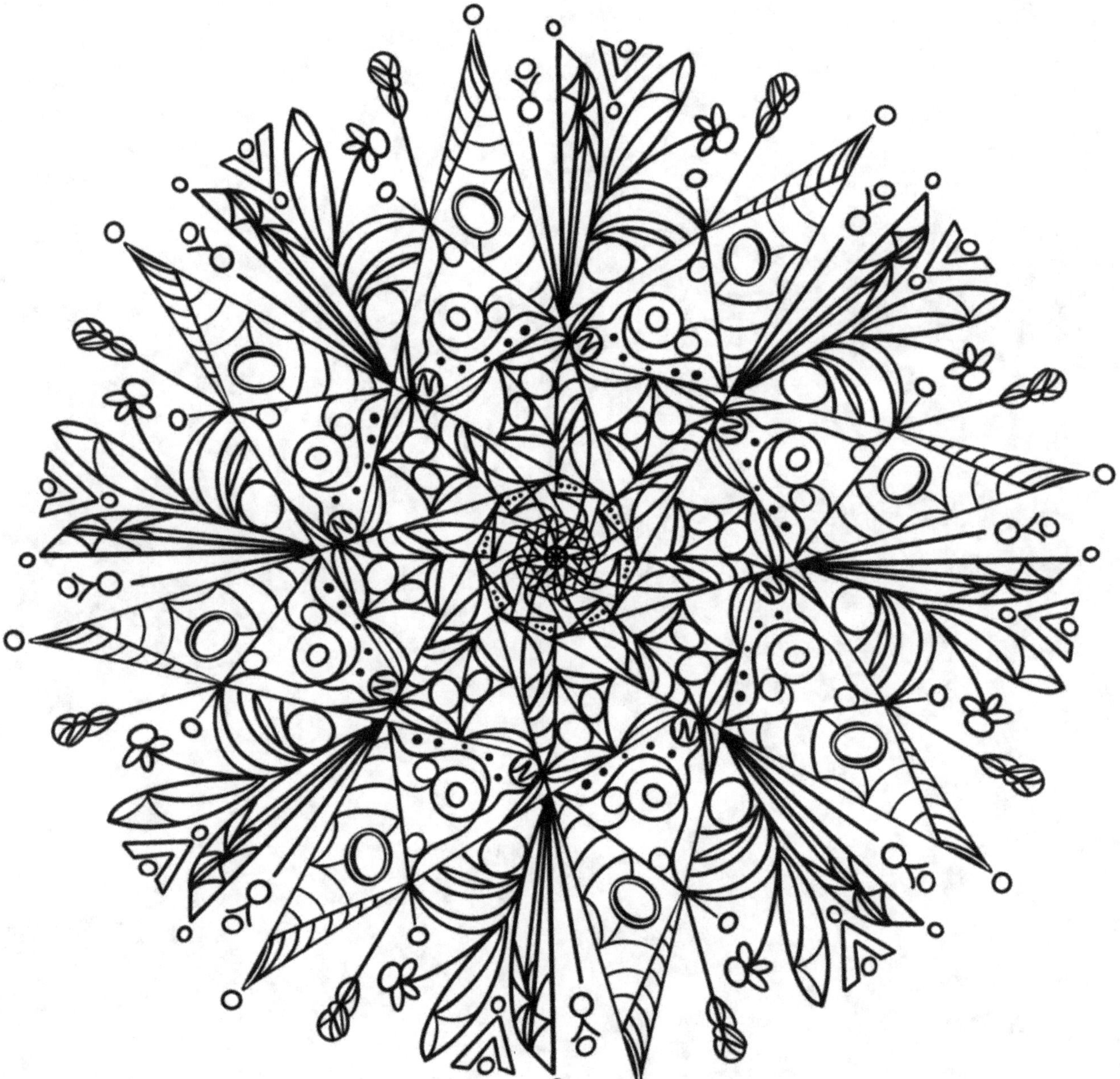

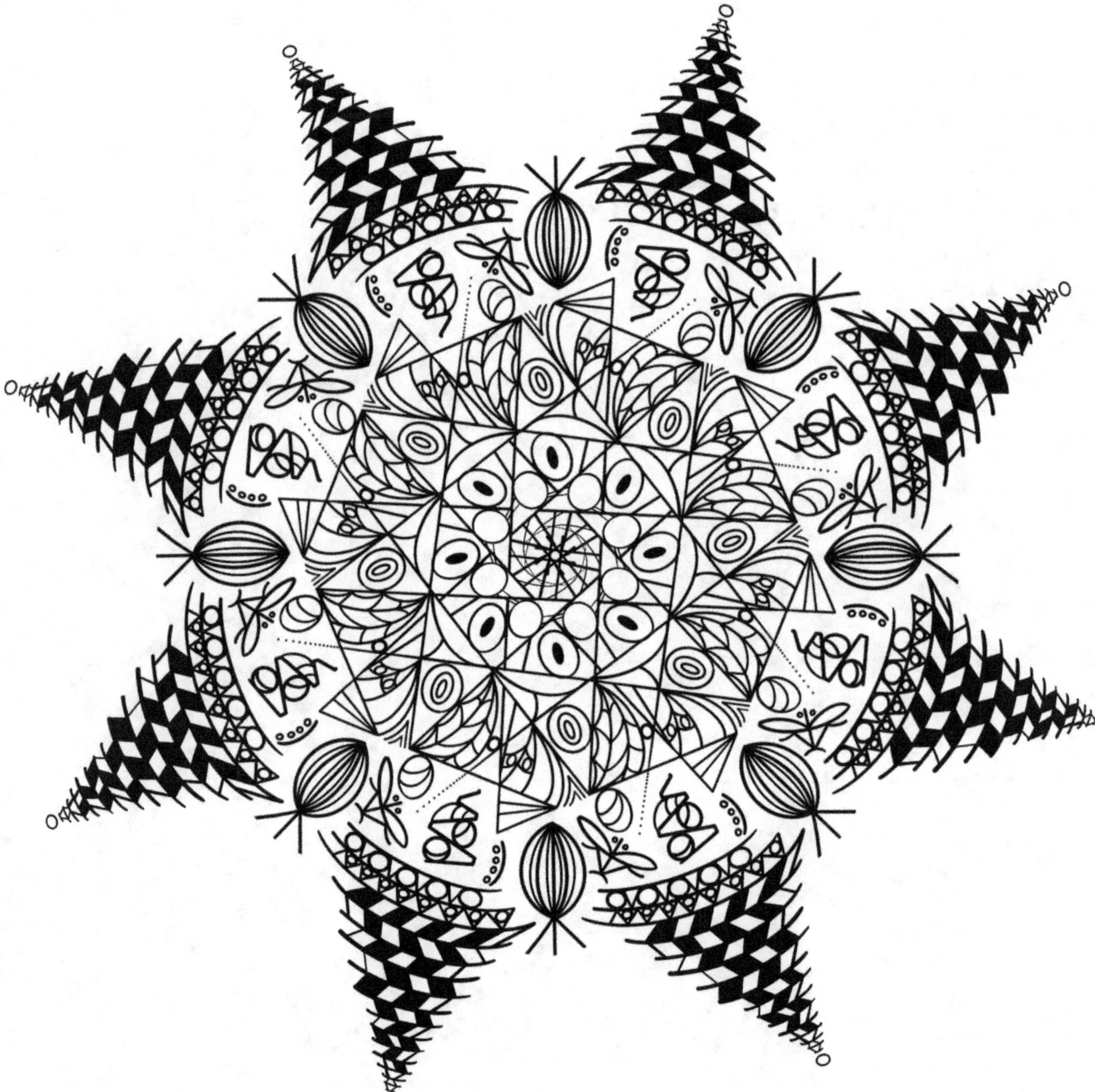

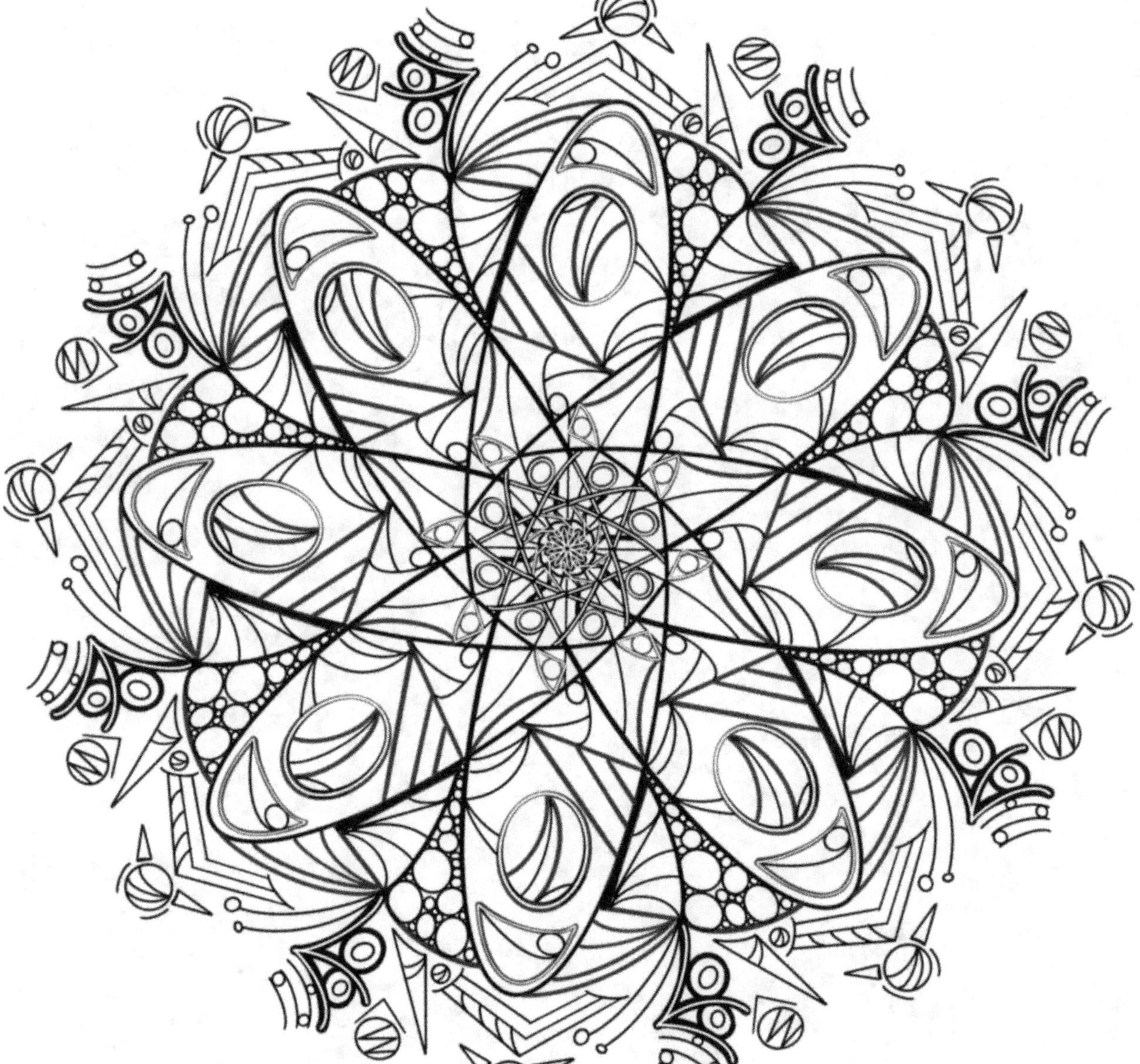

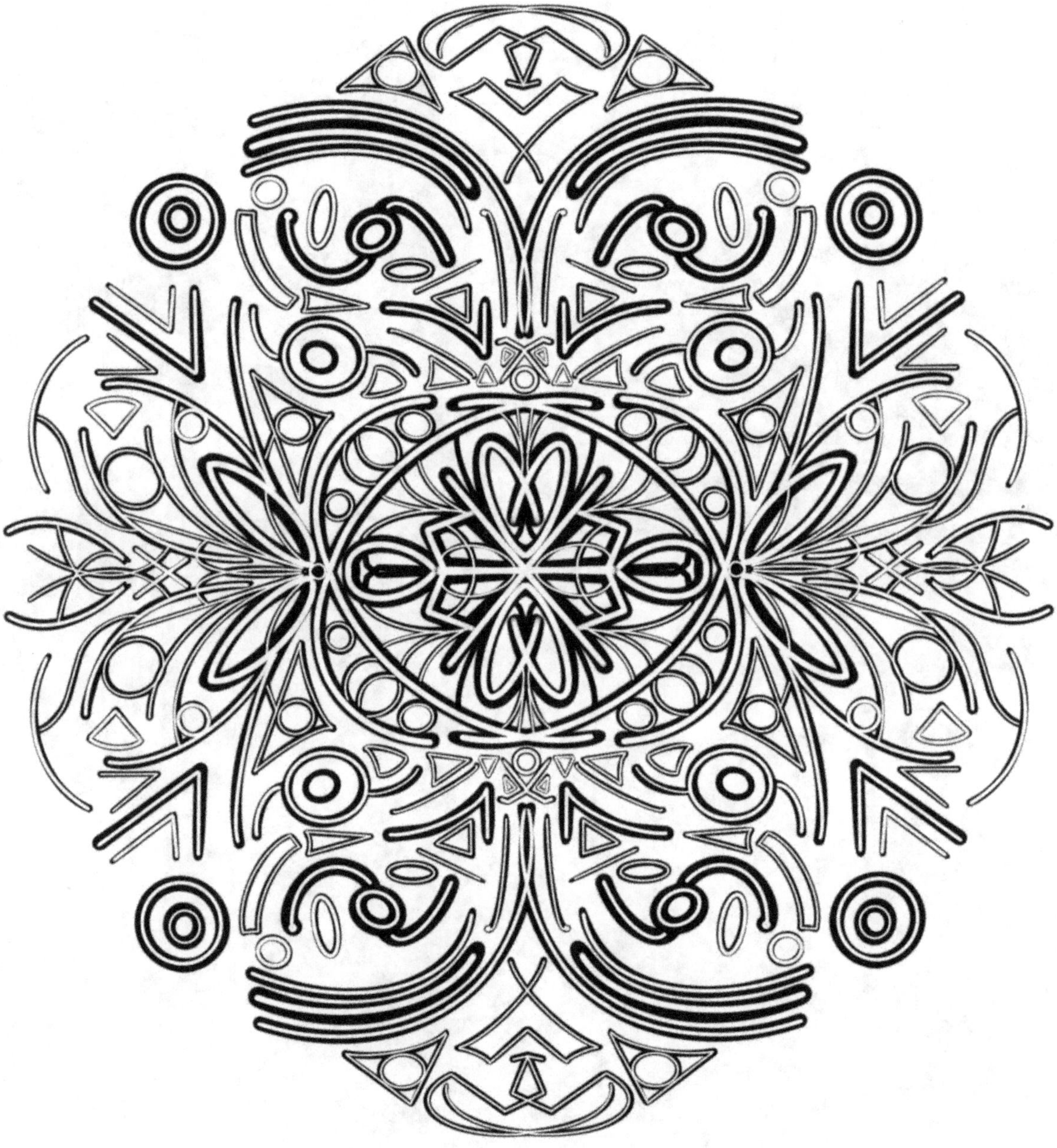

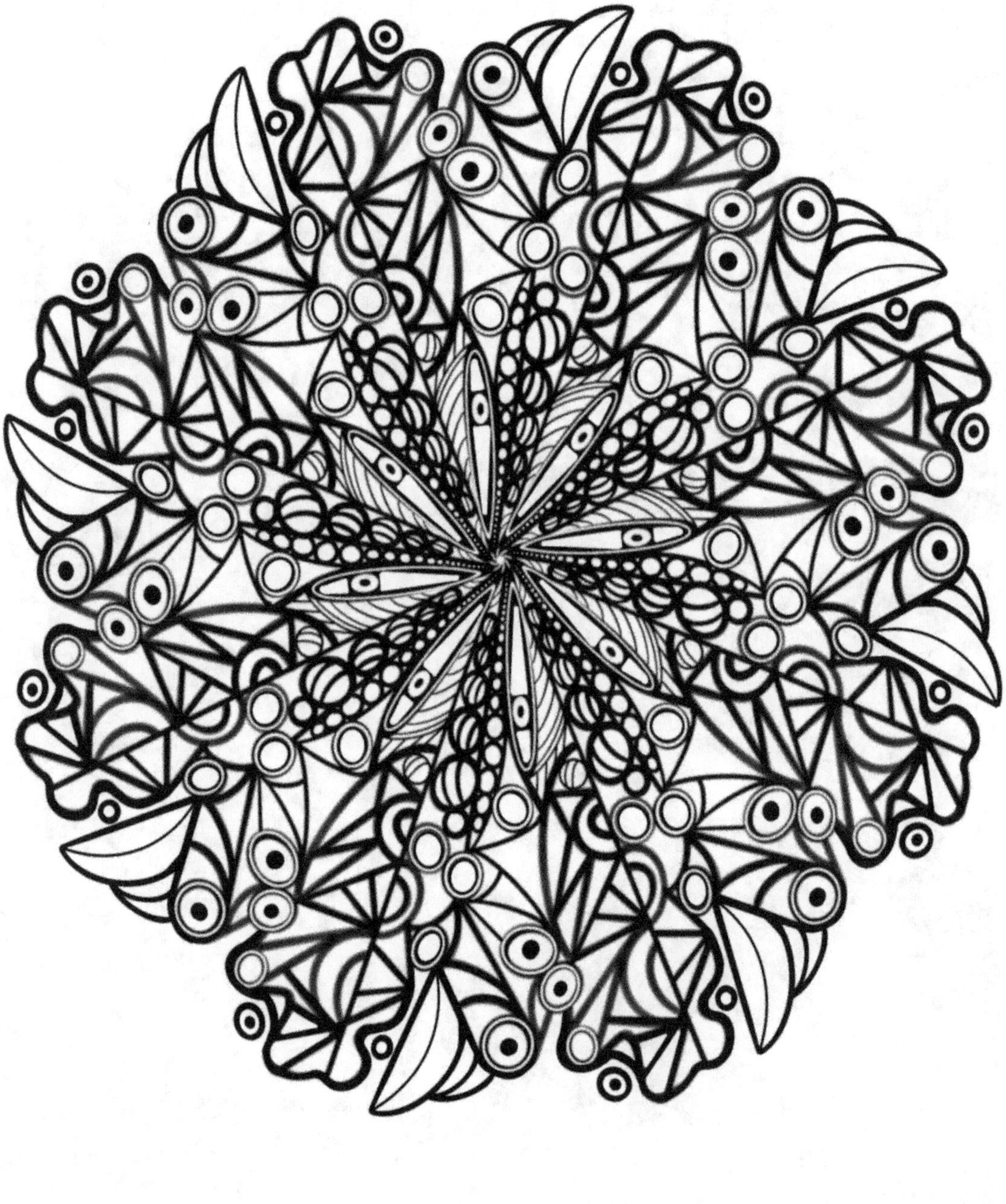

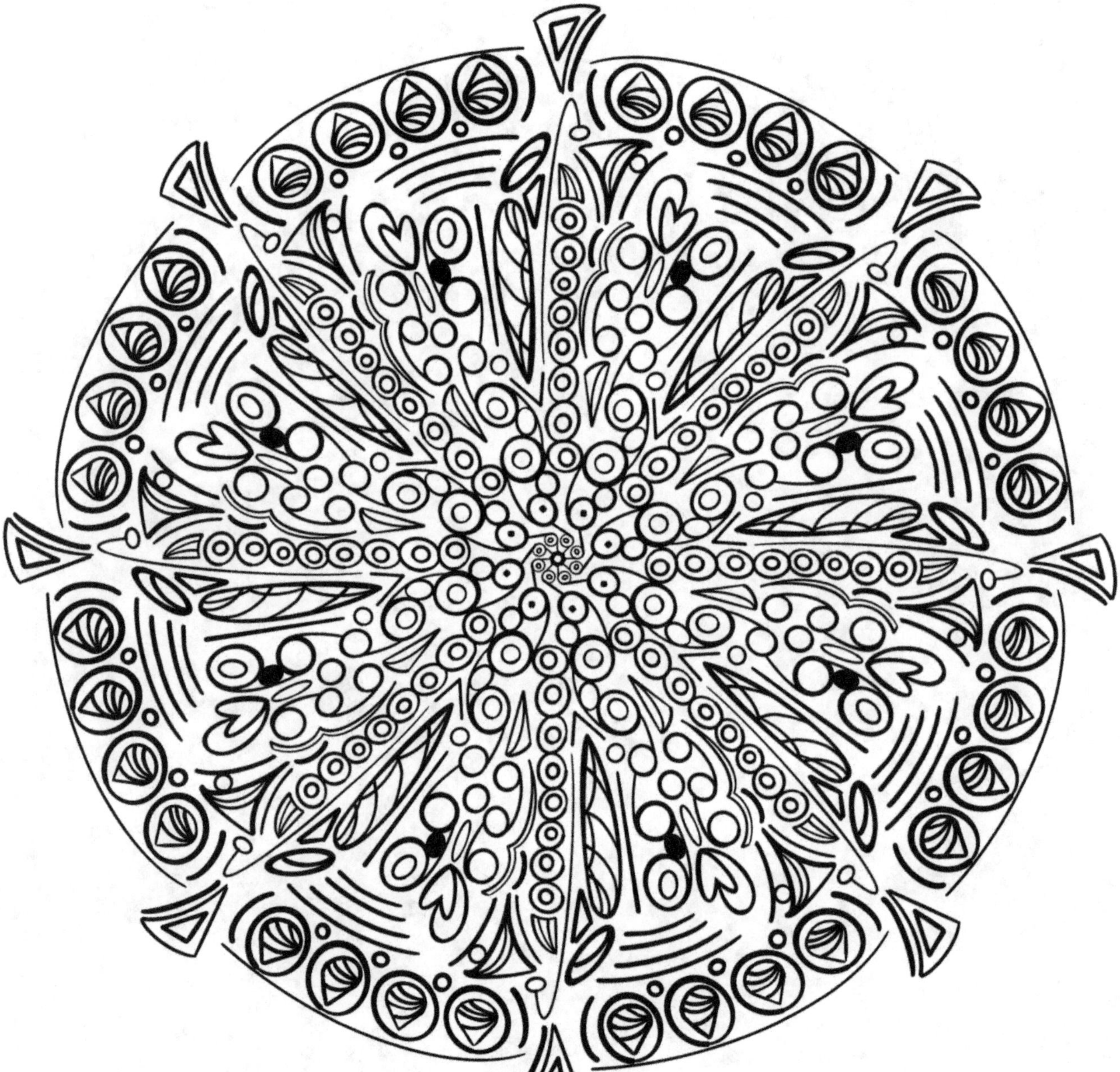

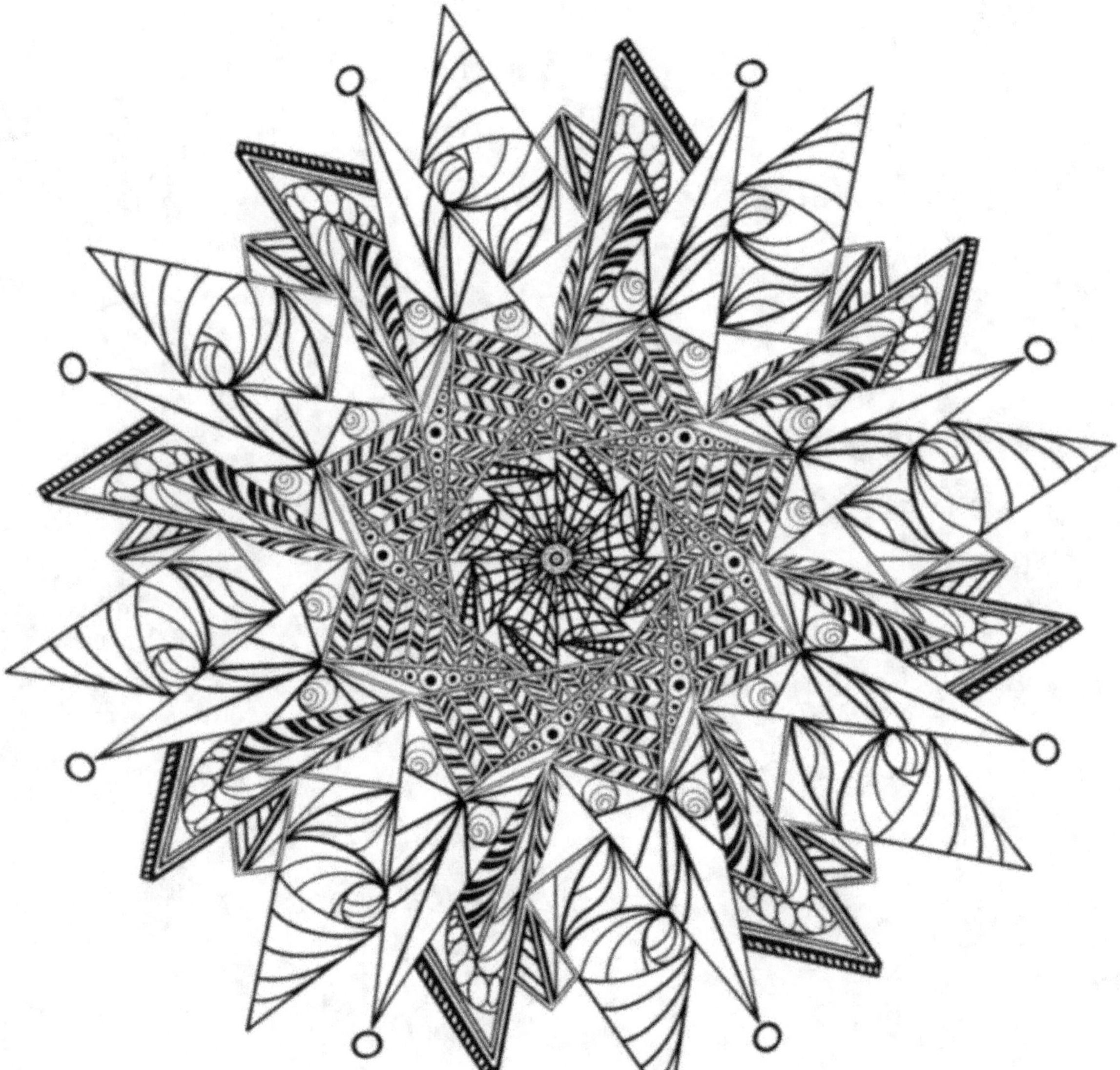

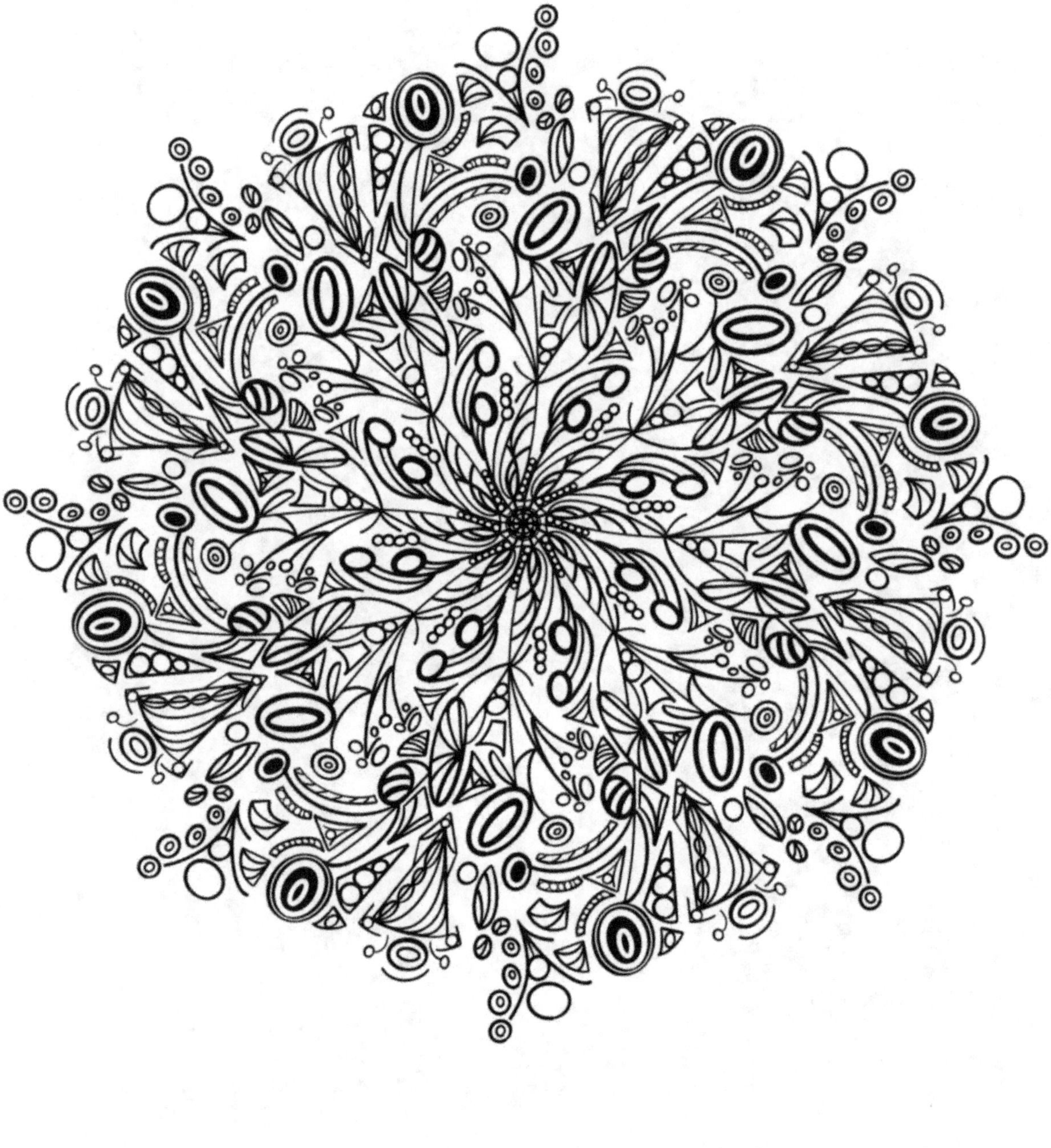

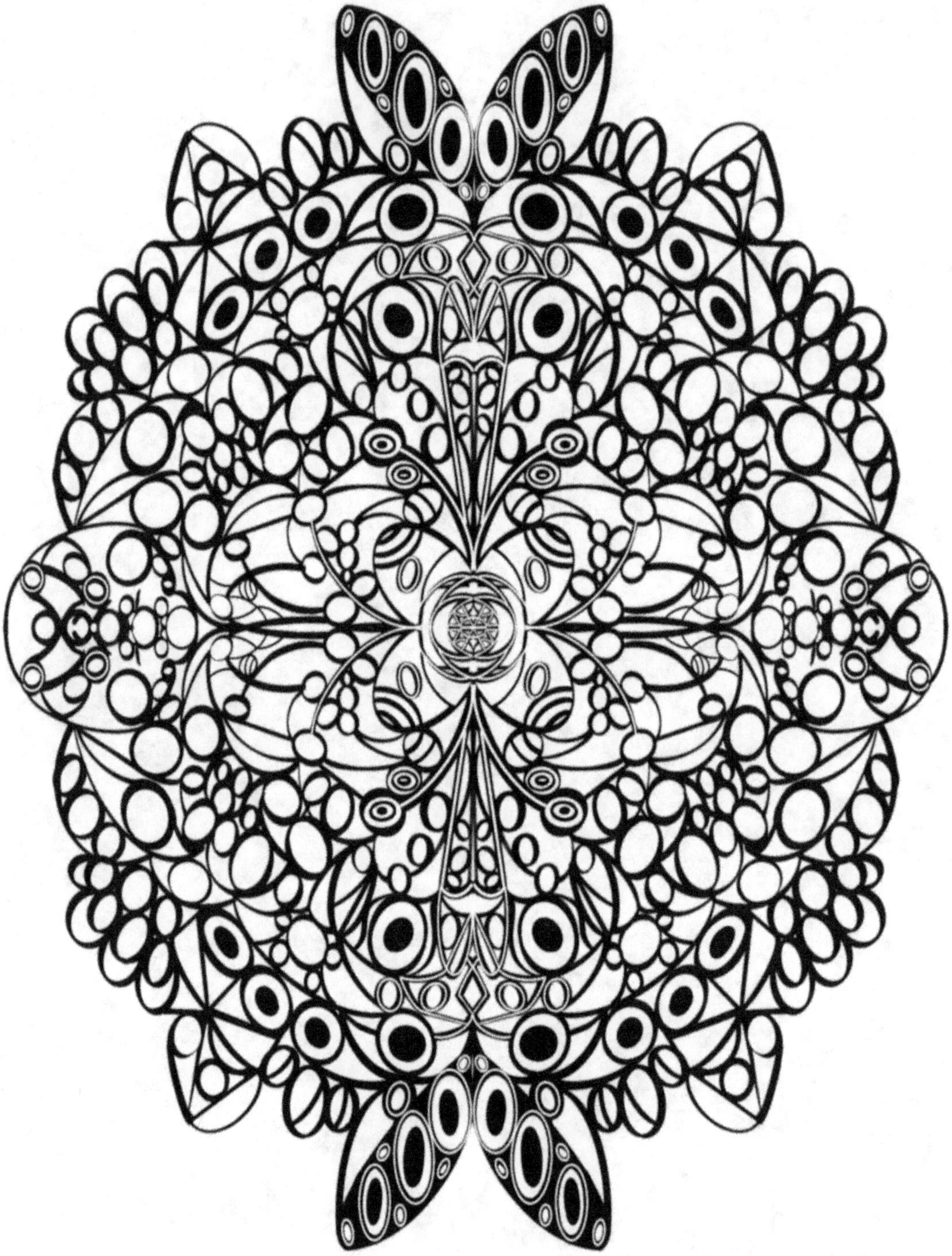

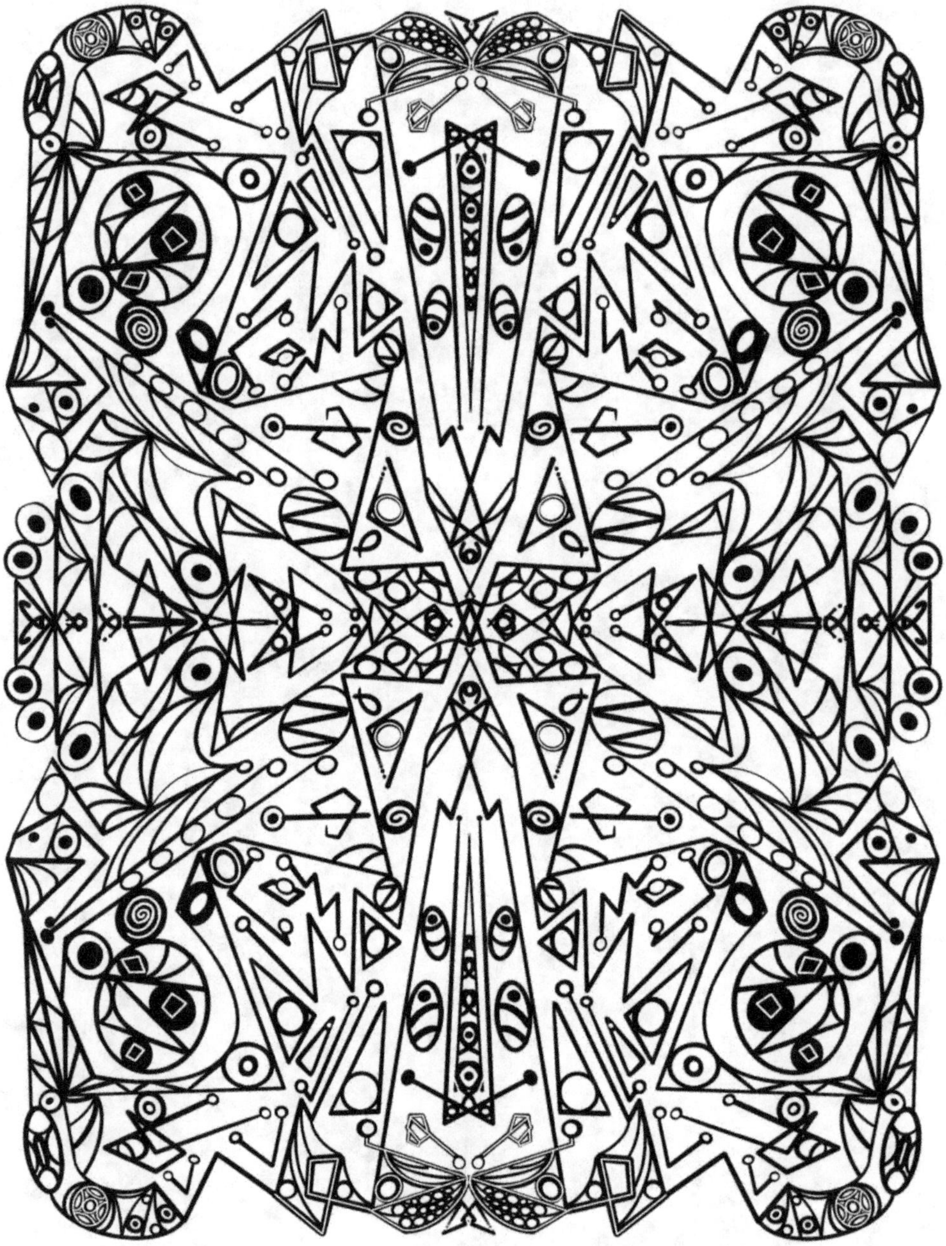

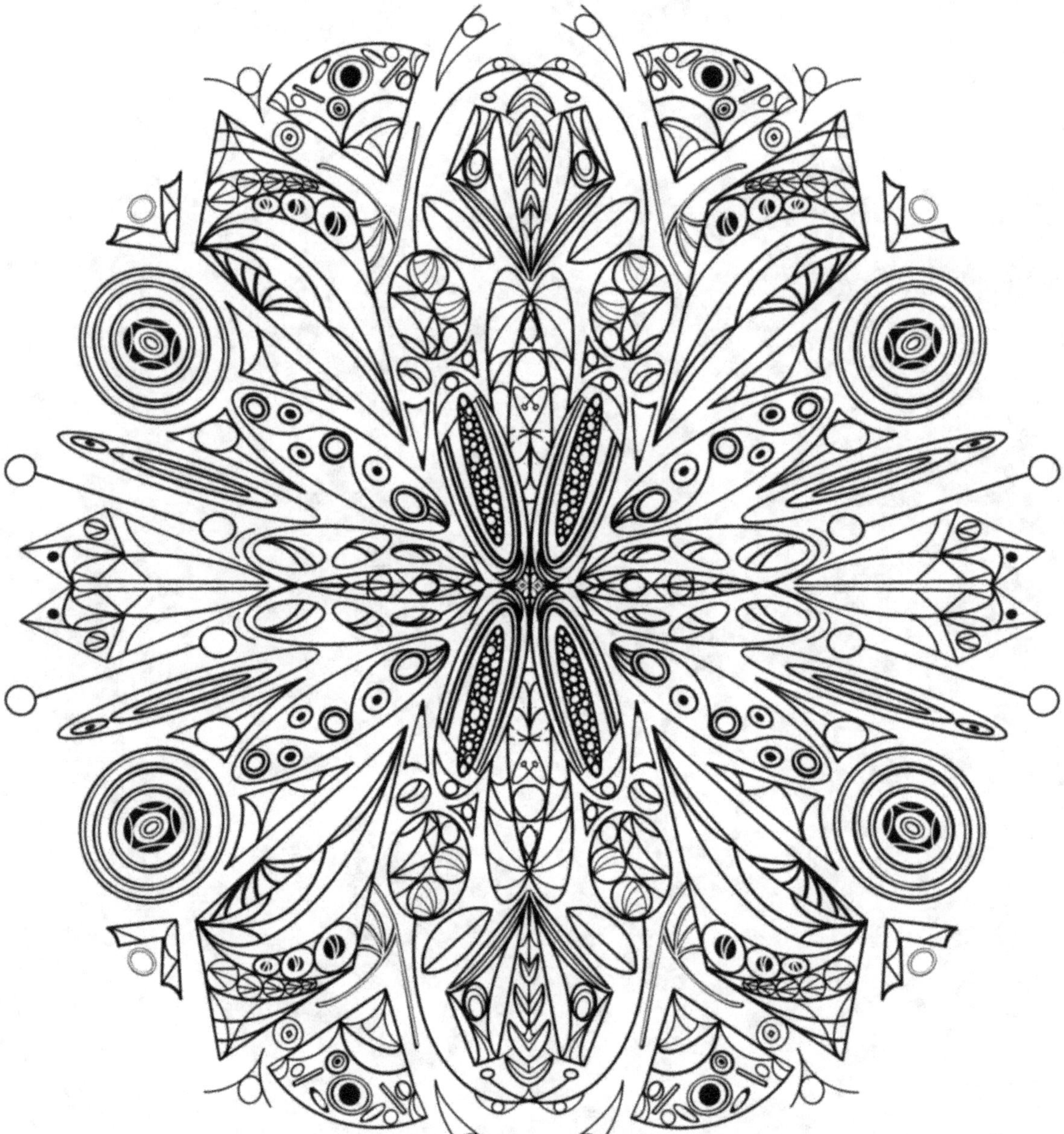

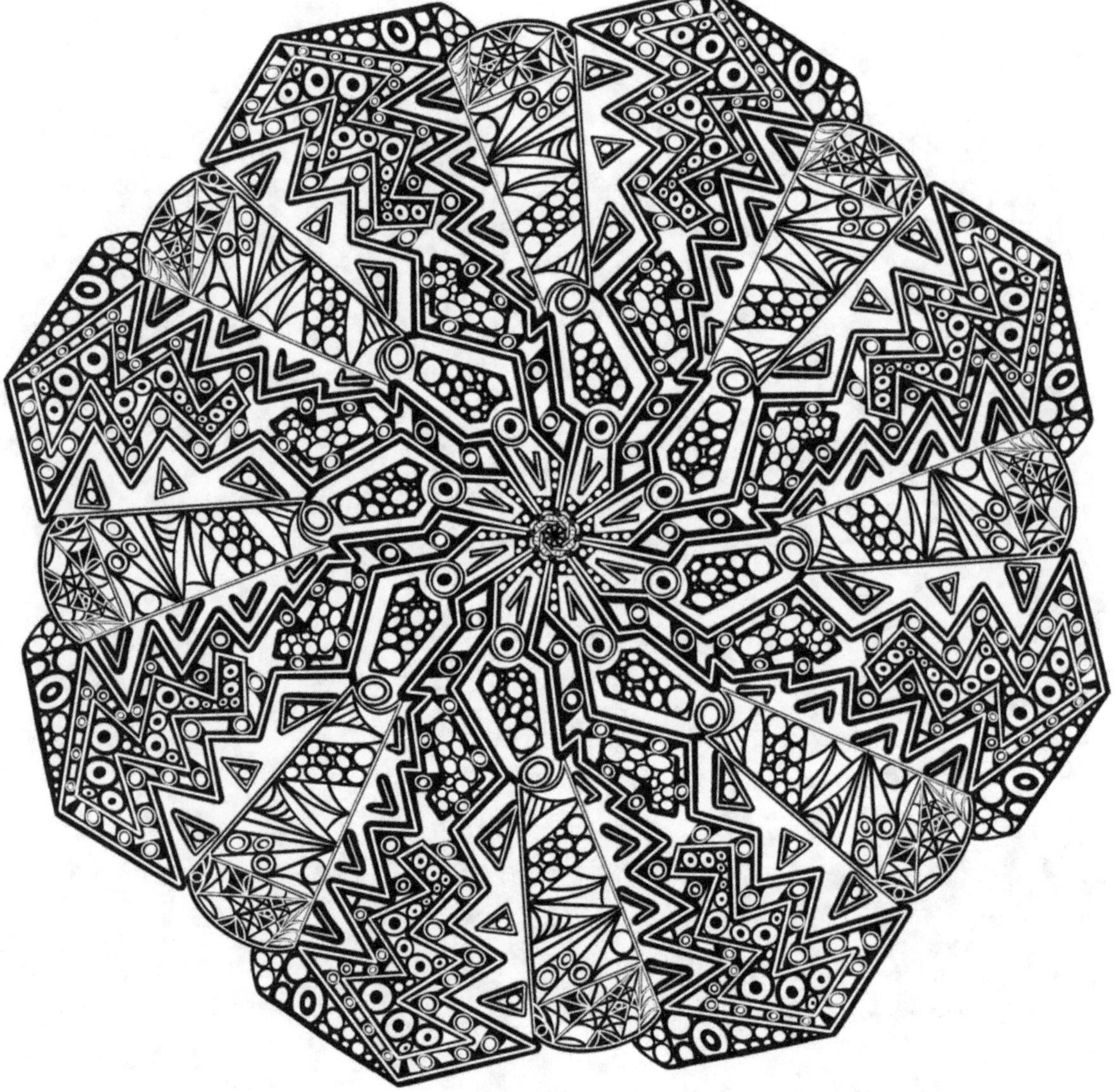

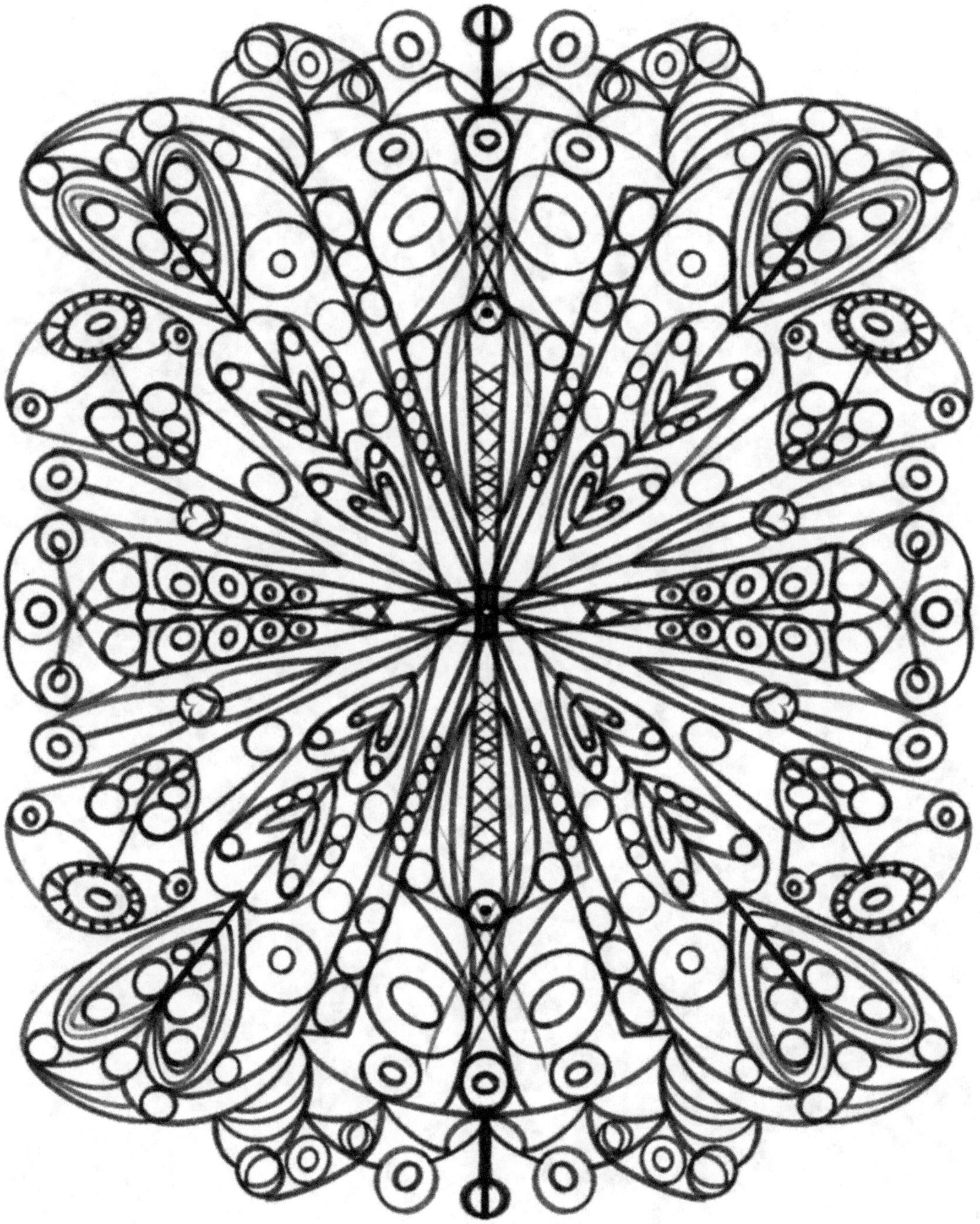

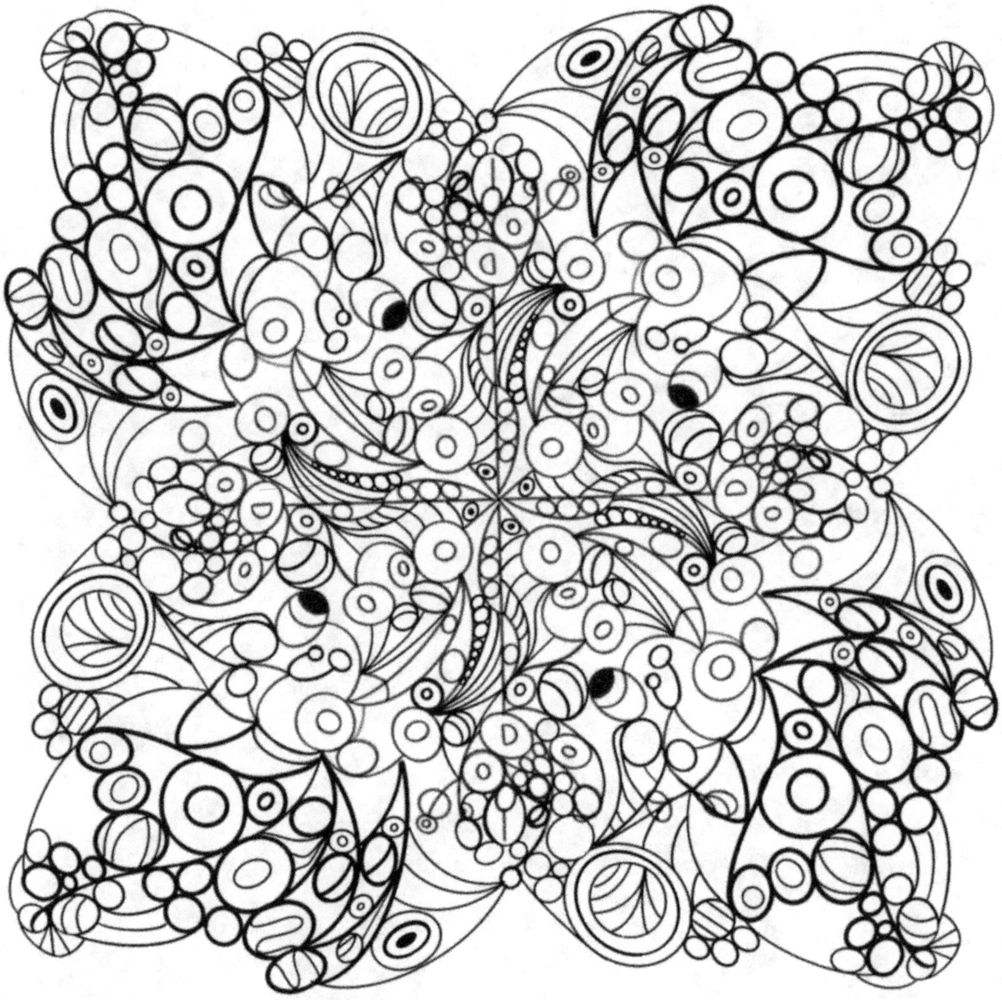

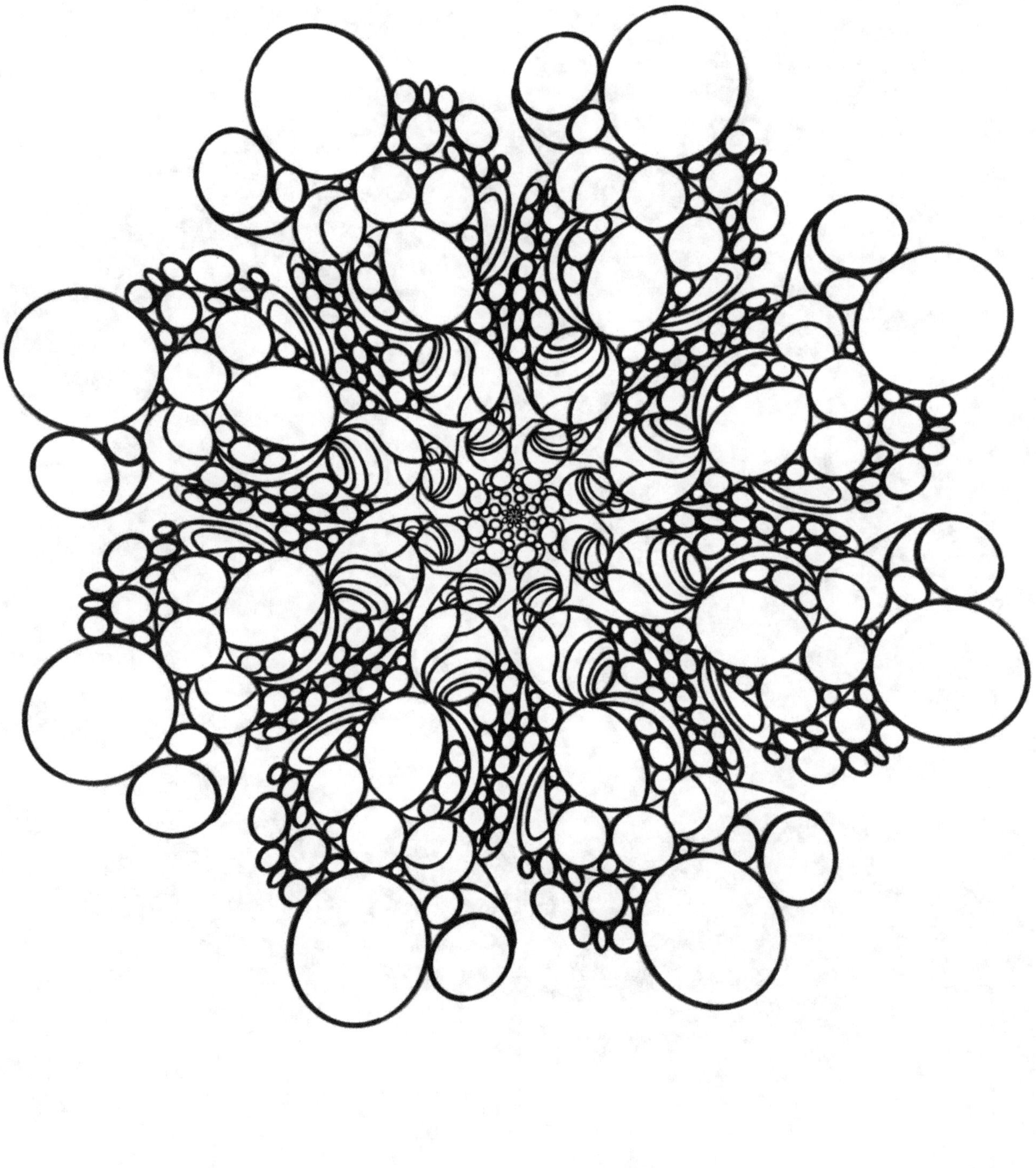

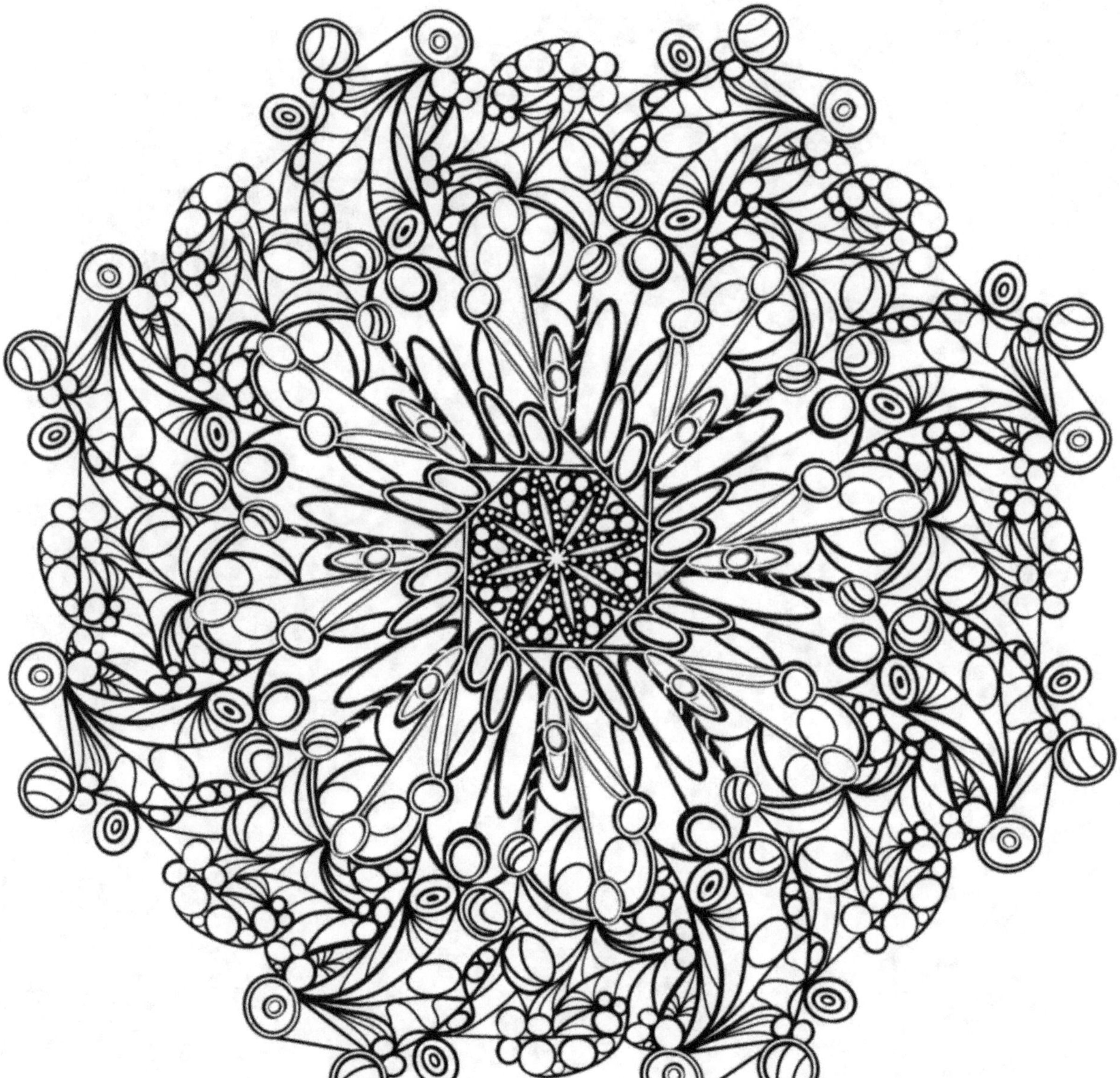

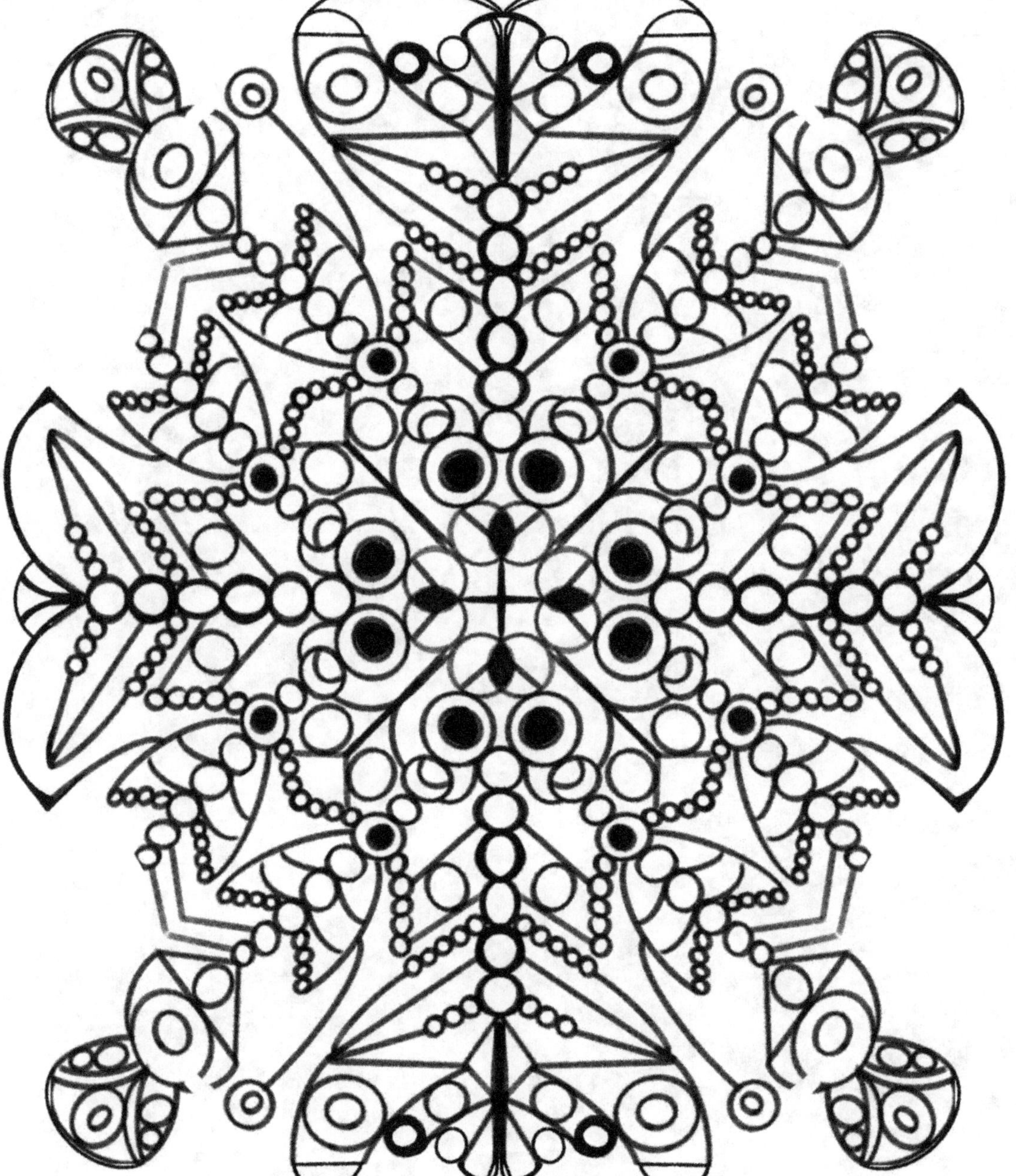

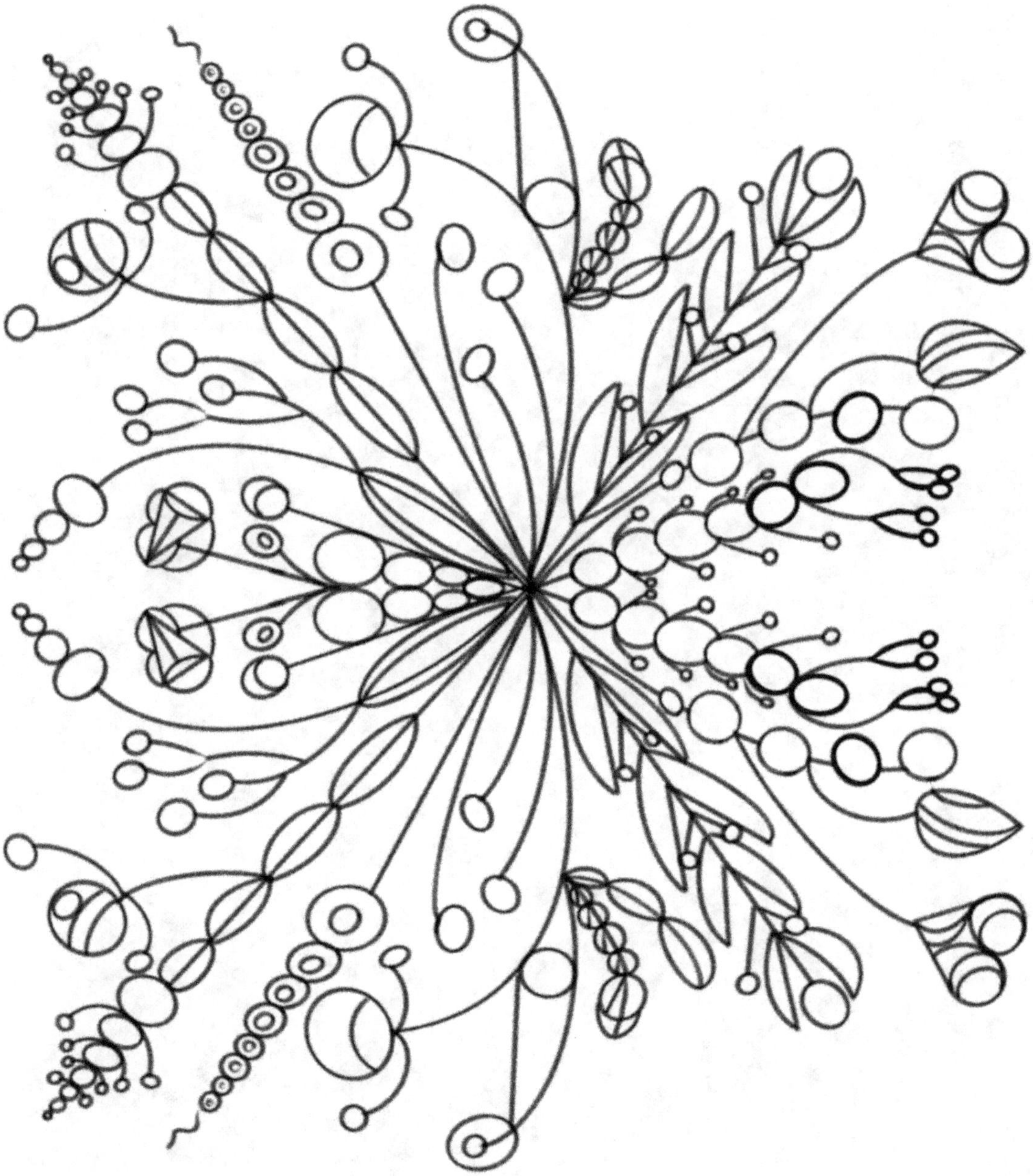

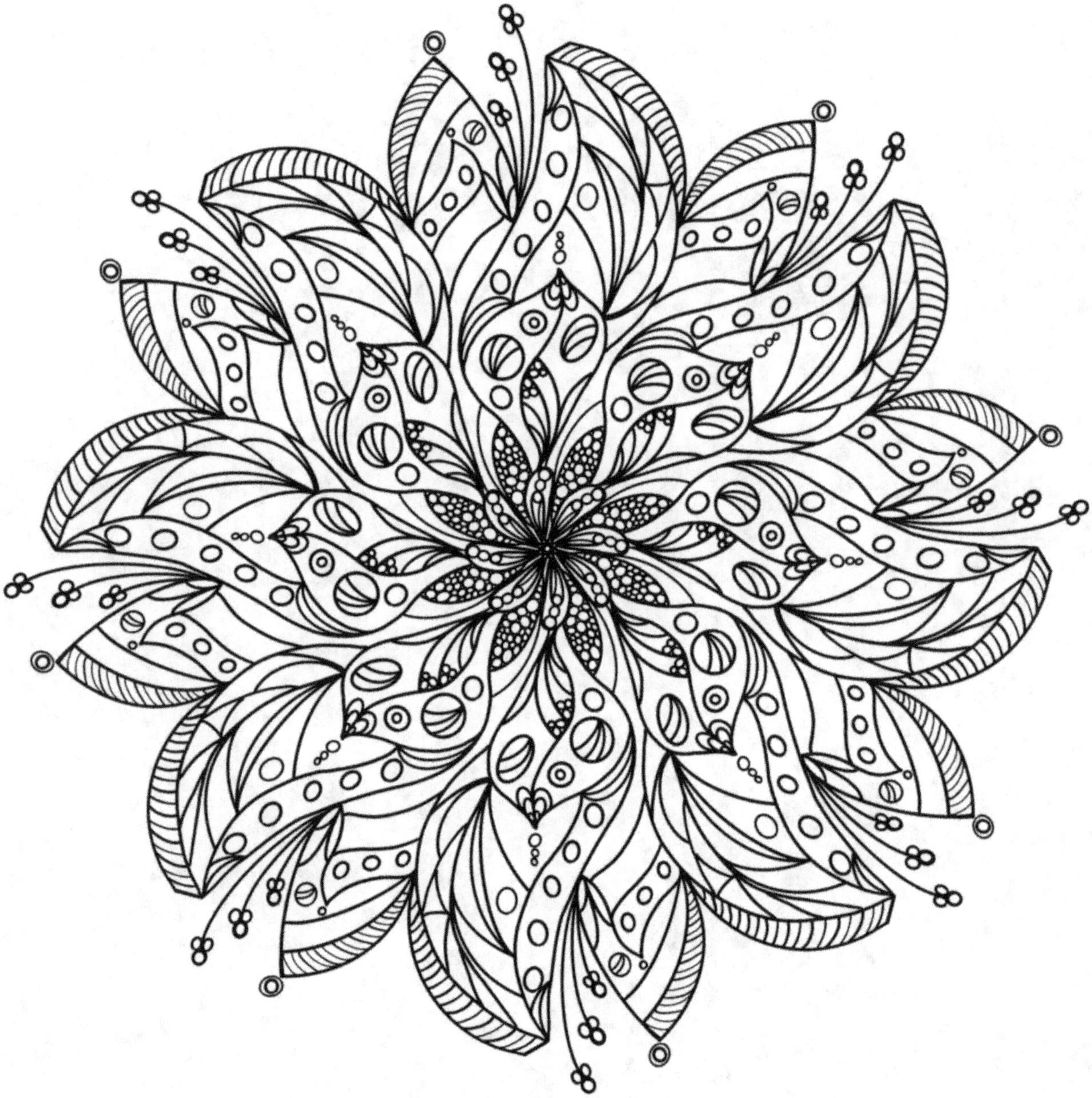

www.ingramcontent.com/pod-product-compliance
Lightning Source LLC
Chambersburg PA
CBHW081540220526
45467CB00010B/3269
* 9 7 8 1 7 0 9 1 7 6 0 1 2 *